Reinhard Michl · Tilde Michels
Es klopft bei Wanja in der Nacht

Reinhard Michl wurde 1948 in Niederbayern geboren. Nach einer Schriftsetzerlehre studierte er in München an der Akademie der Bildenden Künste. Als Buchillustrator und Bilderbuchmaler hat er sich international einen Namen gemacht. Seine Arbeiten wurden vielfach ausgezeichnet, einige der von ihm illustrierten Bücher standen in der Auswahlliste zum Deutschen Jugendliteraturpreis.

Tilde Michels wurde in Frankfurt am Main geboren. Nach einem Fremdsprachenstudium lebte sie einige Zeit in Frankreich und England. Seit vielen Jahren lebt sie in München, schreibt Kinder- und Bilderbuchtexte, übersetzt und arbeitet für Funk und Fernsehen. Inzwischen sind von ihr mehr als 40 Bücher erschienen, die häufig ausgezeichnet und in viele Sprachen übersetzt wurden. Für ›Es klopft bei Wanja in der Nacht‹ erhielt sie zusammen mit Reinhard Michl 1986 den Gustav-Heinemann-Friedenspreis; außerdem stand das Buch in der Auswahlliste zum Deutschen Jugendliteraturpreis.

Weitere Bücher von Reinhard Michl und Tilde Michels bei <u>dtv</u> junior: siehe Seite 6

Es klopft bei Wanja in der Nacht

Eine Geschichte in Versen
von Tilde Michels

Mit Bildern von Reinhard Michl

Deutscher Taschenbuch Verlag

Zu diesem Band gibt es ein Unterrichtsmodell, enthalten in LESEN IN DER SCHULE (Primarstufe), unter der Bestellnummer 8105 durch den Buchhandel oder den Verlag zu beziehen.

Reinhard Michl illustrierte auch folgende Bände bei dtv junior:
Irina Korschunow: Der Findefuchs, dtv junior Lesebär 7570
Irina Korschunow: Kleiner Pelz, dtv junior Lesebär 75053
Irina Korschunow: Kleiner Pelz will größer werden, dtv junior Lesebär 75003
Irina Korschunow: Wuschelbär, dtv junior Lesebär 7598
Irina Korschunow: Es muss auch kleine Riesen geben, dtv junior Lesebär 75050
Rudyard Kipling: Das Dschungelbuch, dtv junior 70316

Von Tilde Michels sind außerdem bei dtv junior lieferbar:
Igel, komm, ich nehm dich mit, dtv junior Lesebär 75006
Der heimliche Hund, dtv junior Lesebär 75031
Die Kellermaus, dtv junior Lesebär 75048
3× Gustav Bär, dtv junior 70125
Kleiner König Kalle Wirsch, dtv junior 70134
Lena vom Wolfsgraben, dtv junior 70449
Ausgerechnet Pommes, dtv junior 70463
Abenteuerferien mit Mario, dtv junior 70579
Kleiner König Kalle Wirsch – Gesamtausgabe, dtv junior Klassiker 70693

Bearbeitete Neuausgabe nach den Regeln der Rechtschreibreform
14. Auflage November 2001
1989 Deutscher Taschenbuch Verlag GmbH & Co. KG, München
www.dtvjunior.de
© 1985 Verlag Heinrich Ellermann, München
ISBN 3-7707-6258-4
Umschlagkonzept: Balk & Brumshagen
Umschlagbild: Reinhard Michl
Gesetzt aus der Garamond 13/15
Gesamtherstellung: Kösel, Kempten
Printed in Germany · ISBN 3-423-07986-x

Weit fort in einem kalten Land
steht Wanjas Haus am Waldesrand.
In langen Zapfen hängt das Eis
und rings umher ist alles weiß.

Da ist bei Sturm in finstrer Nacht
der Wanja plötzlich aufgewacht.
»Was höre ich da tocken?«
So fragt er sich erschrocken.

Wer ist's, wer klopft da an sein Haus?
Ein Hase hockt im Schneesturm drauß'.
Der schreit und jammert kläglich:
»Ich friere so unsäglich.«

Der Wanja sagt: »Komm nur herein,
ich heize gleich im Ofen ein.«
Das Feuer zischt und prasselt laut;
die Wärme dringt bis in die Haut.

Der Has' streckt sich behaglich aus.
Bald wird es still im kleinen Haus.
Auch Wanja deckt sich wieder zu:
»Gut' Nacht und angenehme Ruh!«

Doch kaum sind beide eingeschlummert,
da weckt sie Lärm. Es pocht und bummert
und jemand trommelt an das Tor.
Ein roter Fuchs steht jetzt davor.

Der knurrt: »Erfroren ist mein Zeh.
Ich hab' genug von Sturm und Schnee.
Ich kann nicht weiterlaufen,
lass mich bei dir verschnaufen!«

Da schreit der Hase: »Nein, o nein,
lass bloß den Fuchs hier nicht herein!
Er ist darauf versessen,
uns Hasen aufzufressen.«

Der Fuchs mit kalten Gliedern
beeilt sich zu erwidern:
»Ich schwör' bei meiner Ehre,
dass ich dich nicht verzehre.«

Der Wanja sagt: »Na gut, komm rein,
doch halte dein Versprechen ein.«

Der Fuchs streckt sich behaglich aus.
Bald wird es still im kleinen Haus.
Auch Wanja deckt sich wieder zu:
»Gut' Nacht und angenehme Ruh!«

Doch – es ist wirklich unerhört –
schon wieder werden sie gestört.
Es klopft und pocht, es kratzt und kracht.
Ein Bär steht draußen in der Nacht,
und – das muss man erwähnen –
er klappert mit den Zähnen.

Der Wanja starrt den Bären an.
›Was mach' ich bloß? O Mann, o Mann.‹

Und auch der Fuchs erbleicht vor Graus.
Er denkt: ›Nun ist es mit mir aus.
Der Bär hat es gerochen,
dass ich ihm vor zwei Wochen
ein Stückchen Fleisch gestohlen.
Jetzt kommt er mich zu holen.‹

Dem Bären sind die Ohren
vor Kälte steif gefroren,
drum ist ihm alles einerlei.
Er schwört, dass er ganz harmlos sei.

Der Wanja sagt: »Komm rein, schon gut!«,
und wirft ein Holzscheit in die Glut.

Der Bär streckt sich behaglich aus.
Bald wird es still im kleinen Haus.

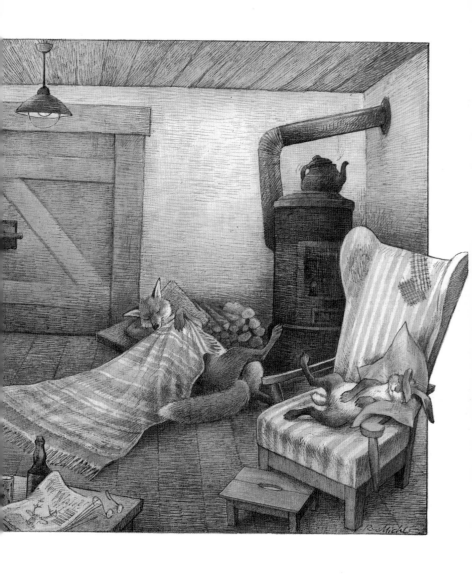

Auch Wanja deckt sich wieder zu:
»Gut' Nacht und angenehme Ruh!«

Der Schneesturm unterdessen
tobt weiter wie besessen.
Er reißt die stärksten Bäume aus
und rüttelt an dem kleinen Haus.
Doch drinnen schlafen wohlgeborgen
Fuchs, Bär und Hase bis zum Morgen.

Kaum aber fängt es an zu dämmern,
beginnt des Hasen Herz zu hämmern.
›Der Fuchs meint es nicht ehrlich;
er ist und bleibt gefährlich.
Wie kann man sich vertragen?
Dem knurrt ja schon der Magen.
Es ist wohl besser, wenn ich geh'.‹
Er hoppelt wieder in den Schnee.

Der Fuchs erwacht aus Schlaf und Traum,
reckt sich, erblickt den Bären kaum,
da fährt ihm auch schon wieder
der Schreck in alle Glieder.
›Wenn das ein gutes Ende nimmt!
Der Bär ist gegen mich ergrimmt.
Er wird mit seinen Tatzen
mich ganz empfindlich kratzen.‹
Und eilig, eh der Bär erwacht,
hat sich der Fuchs davongemacht.

Jetzt schnarcht nur noch der Bär im Eck,
schnarcht laut und rührt sich nicht vom Fleck.
Er ist nicht mehr durchfroren
und hat auch warme Ohren.
Und auch sein Pelz ist nicht mehr nass.
Dann brummt er, blinzelt und wird blass;
denn was er sieht, bedrängt ihn sehr:
Am Nagel hängt ein Schießgewehr.

›Verflixt, das ist ein Jägerhaus!
Ganz heimlich schleiche ich mich 'raus.
Die Sonne steht schon überm Wald.
Heut' wird's bestimmt nicht mehr so kalt.‹
Er tappt, so leise er vermag,
hinaus in einen neuen Tag.

Der Wanja – noch vom Schlaf umfangen –
begreift nicht, was hier vorgegangen.
Er blickt umher im leeren Raum.
War denn das alles nur ein Traum?

Doch draußen sieht er von drei Tieren
die Spuren sich im Schnee verlieren.

Der Wanja schaut und nickt und lacht:
»Wir haben wirklich diese Nacht
gemeinsam friedlich zugebracht. –
Was so ein Schneesturm alles macht!«

Erfolgreiche Bilderbücher von Tilde Michels und Reinhard Michl im Ellermann Verlag

Tilde Michels / Reinhard Michl
Hühner-Hasen-Eierkrach
32 Seiten, ab 4 Jahre,
vierfarbig, laminierter Pappband
ISBN 3-7707-6357-2

Ein witziges Bilderbuch zum Thema Arbeits- und Rollenverteilung - nicht nur für die Osterzeit

Tilde Michels / Reinhard Michl
Sei mein Freund und friß mich nicht
32 Seiten, ab 4 Jahre,
vierfarbig, laminierter Pappband
ISBN 3-7707-6371-8

Ein Bilderbuch über das Streiten und Vertragen und den Wert einer wirklichen Freundschaft

Ellermann Verlag, Hamburg

Bücher
für die Weihnachtszeit

Ursel Scheffler / Jutta Timm:
Ach, du dicker Weihnachtsmann
<u>dtv</u> junior 7995 Ab 5

Gunhild Sehlin:
Marias kleiner Esel
Eine Weihnachtslegende
<u>dtv</u> junior 7071 Ab 8

Andreas Steinhöfel:
Es ist ein Elch entsprungen
<u>dtv</u> junior 70450 Ab 8

Dorothee Dengel (Hrsg.):
Weihnachten wie nie!
<u>dtv</u> junior 70610 Ab 10

Erwin Grosche/Dagmar Geisler:
Engelchens Weihnachtslexikon
<u>dtv</u> junior 70609 Ab 8